AF265673

LE
DROIT CONSTITUTIONNEL

ET

LA SOCIOLOGIE

PAR

M. LÉON DUGUIT

PROFESSEUR AGRÉGÉ A LA FACULTÉ DE DROIT DE BORDEAUX

Extrait de la *Revue internationale de l'enseignement*
du 15 novembre 1889

PARIS

ARMAND COLIN ET Cie, ÉDITEURS

1, 3, 5, RUE DE MÉZIÈRES

1889

LE
DROIT CONSTITUTIONNEL

ET

LA SOCIOLOGIE

PAR

M. LÉON DUGUIT

PROFESSEUR AGRÉGÉ A LA FACULTÉ DE DROIT DE BORDEAUX

Extrait de la *Revue internationale de l'Enseignement*
du 15 novembre 1889

PARIS

ARMAND COLIN ET Cⁱᵉ, ÉDITEURS

1, 3, 5, RUE DE MÉZIÈRES

—

1889

LE DROIT CONSTITUTIONNEL

ET LA SOCIOLOGIE

Si le droit constitutionnel n'était que le commentaire exégétique de la constitution qui nous régit, il serait assurément quelque peu téméraire d'en entreprendre l'étude, au moment où cette constitution est chaque jour attaquée, au moment où le gouvernement lui-même propose la révision de nos lois politiques (1), au moment enfin où la commission parlementaire, saisie de la question, demande la convocation d'une Constituante et le *referendum* populaire, au mépris de tous les principes solennellement affirmés en 1873 et en 1884. Mais l'étude du droit constitutionnel a un domaine plus étendu et une portée plus haute, qui le mettent au-dessus de toutes les fluctuations politiques et de toutes les révisions légales ou extra-légales. Un cours de droit constitutionnel est et doit être un cours véritablement et exclusivement scientifique.

A l'heure actuelle, nos Facultés de droit sont les victimes d'une double prévention. Auprès des gens du monde et des hommes de pratique, leurs professeurs passent pour vivre dans un monde inaccessible aux profanes; enfermés dans des études vieillies et sans portée, ignorants des besoins changeants de notre société, méconnaissant comme à plaisir l'évolution de notre jurisprudence, ils n'enseigneraient à leurs élèves qu'une subtile exégèse sans but et sans profit, bagage encombrant et inutile, dont le magistrat et l'avocat devront se débarrasser au plus tôt. Quant aux hommes de science, ils affirment chaque jour que l'enseignement de nos Facultés n'a rien de scientifique : les professeurs de droit, disent-ils, préparent leurs élèves aux carrières administratives et judiciaires; ils font des avocats, des notaires, des magistrats; mais leur enseignement n'est que professionnel. Sui-

---

1) Depuis que ces pages sont écrites, la Chambre a ajourné à une époque indéterminée le projet de révision; et le suffrage universel, le 22 septembre et le 6 octobre, parait avoir condamné pour longtemps les doctrines révisionistes.

vant les procédés de la vieille scolastique, dominés par des préoccupations de pratique judiciaire, dédaignant les études d'histoire, de philosophie, de sociologie, ils ne peuvent donner un enseignement scientifique, que la jeunesse studieuse doit aller demander à des établissements voisins. Je n'ai point à défendre nos Facultés contre ces reproches : je ne puis et ne dois le faire. Mais je tiens à affirmer que, si nos Facultés ont une mission professionnelle, que je suis loin de méconnaître, elles sont en même temps, comme les autres Facultés, des établissements de haute culture intellectuelle et de recherches scientifiques ; à elles seules doit appartenir l'enseignement complet des sciences sociales ; leur véritable nom devrait être : Facultés de sciences sociales (1) ; or le droit constitutionnel est une des plus importantes de ces sciences.

Comme étude scientifique, je définis le droit constitutionnel : l'étude systématique des faits relatifs à l'origine de l'État, à son développement dans les sociétés anciennes et à sa forme dans les sociétés contemporaines, dans le but de déterminer son organisation dans les sociétés futures. Observer et constater des faits ; essayer ensuite de déterminer des lois, c'est-à-dire les rapports fixes qui unissent ces faits dans leur ordre de succession et dans leur ordre de coexistence ; tenter enfin de prévoir, à l'aide de ces lois, les faits de l'avenir, tel est en bref l'objet de ces études ; telle doit être la méthode.

I

Dans une école, que j'appellerai l'école métaphysique, on apporte à l'étude des sciences sociales en général, du droit et du droit public en particulier, les procédés de la méthode purement déductive : on formule quelques principes *a priori*, qu'on dit être de droit naturel ; et on essaie de déduire logiquement toutes les conséquences de ces principes ; on dédaigne les faits, on veut les faire entrer de force dans des cadres arrêtés d'avance. Méthode déplorable qui a trouvé et trouve encore en France des adeptes plus nombreux et plus fervents que partout ailleurs. Ils s'inspirent de cet esprit classique (2), qui tient aux deux qualités essentielles de

1. Depuis que ces pages sont écrites, une circulaire ministérielle du 12 janvier 1889 consulte les Facultés de province sur un projet de réforme qui tend à élargir l'enseignement des Facultés de droit ; et le Décret du 24 juillet dernier a réduit pour les étudiants en licence l'enseignement du droit romain et de l'histoire du droit et étendu les études de droit public.

(2 TAINE, *Les origines de la France contemporaine*, t. I, *L'Ancien régime*, liv. III, ch. III.

l'intelligence française, la clarté et la précision, mais dont l'exagération, par un contraste singulier, a conduit successivement notre pays à l'immobilité théocratique et à la révolution jacobine. Au xvii° siècle, le principe du droit divin était un véritable dogme; on affirmait *a priori* que toute société est l'œuvre directe du créateur, que tout pouvoir vient de Dieu, qui a donné une délégation spéciale aux rois de la terre. Ce principe formulé, on en a tiré les conséquences avec une inflexible logique; on est arrivé par le raisonnement aux doctrines théocratiques et monarchiques, qui ont reçu leur expression dans le *Discours sur l'histoire universelle* et dans la *Politique tirée de l'Écriture Sainte*. Au xviii° siècle, reprenant la théorie ébauchée par Hubert Languet (Junius Brutus) (1), et par Hobbes, J.-J. Rousseau formule le principe du contrat social en une langue magnifique; et telle est dans notre pays la puissance des mots, que cette doctrine artificielle et préconçue devient en France, pendant un demi-siècle, l'axiome fondamental de la science sociale, je devrais dire l'article essentiel du *credo* politique; hommes d'État et publicistes y voient tous une sorte de dogme révélé: ils en déterminent les conséquences avec une foi aveugle et une logique rigoureuse; c'est en son nom qu'ils affirment la souveraineté populaire, et l'imprescriptibilité des droits du peuple: c'est en s'inspirant de cet idéal qu'ils veulent construire de toutes pièces une société nouvelle. Apôtres du contrat social, ils en poussent à l'extrême toutes les conséquences, et de même que les principes *a priori* et l'esprit classique ont fait la théocratie du xvii° siècle, de même ils font le jacobinisme de la Révolution.

Ces principes, quels qu'ils soient, sont-ils vrais? Je n'en sais rien, et ne veux pas le savoir. Mais j'affirme que cette méthode déductive est dangereuse, et que c'est l'emploi à peu près exclusif de ce procédé qui, jusqu'à aujourd'hui, a arrêté le développement des sciences sociales. L'histoire des sciences physiques et biologiques nous est à cet égard un précieux enseignement. Pendant longtemps, tous ceux qui étudiaient les phénomènes de la nature, considéraient comme vrais absolument certains principes *a priori*, et cherchaient à en appliquer aux faits les conséquences logiques. Les sciences physiques restaient alors stationnaires, et elles n'ont fait de sérieux progrès que lorsqu'à la suite de Bacon et de Galilée on a définitivement abandonné la méthode déductive pour l'observation et l'expérimentation. Il n'y a pas bien longtemps, les études de biologie étaient inspirées par des théo-

(1) *Vindiciæ contra tyrannos*. 1579.

ries préconçues : théorie des esprits animaux, théorie du principe vital. Quels immenses progrès ont fait les sciences biologiques, du jour récent encore où Claude Bernard a proclamé que la méthode d'observation et la méthode expérimentale étaient seules des méthodes scientifiques! Il en est de même et il en sera de même pour les sciences sociales. Seules elles sont restées sans progresser, à côté du merveilleux essor de la science contemporaine, parce qu'on persiste à invoquer des principes et à formuler des théories. N'hésitons pas à rejeter ces principes et ces théories, à suivre exclusivement la méthode d'observation. Étudions les faits sociaux comme le physicien et le chimiste étudient les phénomènes de la nature, comme le biologiste étudie les phénomènes de la vie; et les sciences sociales feront bientôt de rapides progrès.

D'ailleurs ces principes *a priori*, avons-nous le droit de les formuler? On nous répond : ce sont des principes de droit naturel, qui nous sont révélés par la conscience morale. Mais malheureusement, personne n'est d'accord sur ces prétendus principes de droit naturel : ils varient avec les temps, avec les pays, avec les individus; ils ne sont donc pas absolus et universels; ce ne sont point des vérités mathématiques auxquelles on veut les comparer quelquefois. On ne s'aperçoit pas que ces principes de droit naturel sont le produit des idées, des mœurs, de l'éducation, des nécessités sociales, que ces principes vrais aujourd'hui seront faux demain comme ils l'étaient hier, que la notion et l'expression de droit naturel sont elles-mêmes le produit d'une conception momentanée de l'esprit humain. De plus enfin, ces principes sont peut-être exacts; mais ils sont en dehors du monde visible; ce sont des concepts de pure métaphysique, qui appartiennent comme tels au domaine de l'inconnaissable, qui peuvent servir de thème à un système religieux ou à une œuvre poétique (les grandes théories métaphysiques ne sont pas autre chose), mais qui sont tout à fait étrangers à la science positive. En étudiant la science sociale, le droit, le droit constitutionnel, nous étudions une science positive, et une science tout entière d'observation.

II

La science positive observe des faits; elle cherche à déterminer leurs rapports constants; ces rapports constants s'appellent des lois. « Les lois, a dit Montesquieu, sont les rapports nécessaires

qui dérivent de la nature des choses (1). » Merveilleuse et célèbre
définition, qu'on a eu le tort de critiquer quelquefois. En laissant
de côté les sciences mathématiques, qui ont un caractère tout
particulier, on aperçoit tout d'abord dans l'encyclopédie générale
des sciences humaines deux groupes de sciences : les sciences
physiques, ayant pour but de déterminer les lois qui président aux
phénomènes du monde inorganique; les sciences biologiques,
déterminant les lois des phénomènes qui s'accomplissent dans le
monde organique. Les faits physiques, les faits biologiques, sont
dans des rapports fixes; ils sont *déterminés*; le monde physique et
le monde biologique sont soumis à un *déterminisme* général; et le
but de la science est de connaître les lois de ce déterminisme.
Mais en dehors des faits physiques et des faits biologiques, nous
apercevons toute une autre catégorie de phénomènes, qu'Herbert
Spencer appelle *superorganiques* et qu'il définit « les phénomènes
qui résultent des actions que les corps organisés, agrégés, exercent
les uns sur les autres ou sur les corps inorganisés (2). » Ce sont
en un mot les phénomènes qui s'accomplissent dans les sociétés
animales, et principalement ceux qui se produisent dans les plus
importantes de ces sociétés, les sociétés humaines. Comme ce sont
ces derniers phénomènes que nous aurons exclusivement en vue,
nous les appellerons simplement *phénomènes sociaux*. La formation
de l'État, ses différentes formes, la constitution et le développement de la famille, la condition de l'individu, la production
et la distribution de la richesse, voilà autant de phénomènes
sociaux.

Pas plus que les faits physiques, pas plus que les faits biologiques, ces phénomènes sociaux ne peuvent être le produit du
hasard ou de l'arbitraire humain. Eux aussi doivent être soumis à
des lois immuables; eux aussi doivent se succéder et coexister
suivant des rapports fixes. De même qu'il y a un déterminisme physique, un déterminisme biologique, de même il doit
y avoir un déterminisme social. Dès lors vous voyez apparaître
une troisième catégorie de sciences, les *sciences sociales*. Sœurs des
sciences biologiques, elles ont pour but de formuler les lois qui

<hr>

(1) Nous citons en entier le passage de l'*Esprit des lois*, où Montesquieu
semble avoir un instant entrevu la grande idée moderne du déterminisme
universel : « Les lois, dans la signification la plus étendue, sont les rapports nécessaires qui dérivent de la nature des choses, et dans ce sens tous les êtres ont leurs
lois, la divinité a ses lois, le monde matériel a ses lois, les intelligences supé-
rieures à l'homme ont leurs lois, les bêtes ont leurs lois, l'homme a ses lois. »
(Liv. I, ch. I.)

(2) HERBERT SPENCER, *Les premiers principes* (traduction Cazelles), p. 284.

déterminent les faits sociaux dans leur ordre de succession et de coexistence. Ce sont ces sciences sociales, dont nous connaissons maintenant la base et le domaine, que l'on désigne souvent du nom générique de *sociologie*.

La sociologie existe donc; c'est la science des faits sociaux et elle comprend l'ensemble des sciences sociales. Mais, je dois le reconnaître, la sociologie est encore peu développée à cause de l'extrême complexité des phénomènes sociaux. Il y a dans les phénomènes de la nature une sorte de gradation : les phénomènes physiques sont les plus simples; les phénomènes biologiques sont plus complexes; et enfin les phénomènes sociaux sont extrêmement complexes. Les sciences se sont développées suivant cette même gradation; d'abord les sciences physiques, puis les sciences biologiques, et enfin les sciences sociales sont venues les dernières, parce qu'elles explorent un domaine plus vaste et plus compliqué. Ajoutez à cela qu'il manque à la sociologie un instrument puissant d'investigation scientifique, l'expérimentation : le physicien, le biologiste peuvent observer des phénomènes qu'ils provoquent eux-mêmes; le sociologue ne le peut pas. Je sais bien qu'un publiciste distingué (1) a proposé récemment d'appliquer la méthode expérimentale aux études sociologiques; mais cette idée me paraît plus ingénieuse que pratique. Enfin l'observation elle-même du monde social est singulièrement difficile; nous apportons tous inconsciemment à ces études nos préjugés de race, d'éducation, de famille, nos habitudes, nos préférences politiques, nos croyances religieuses : autant d'obstacles qui s'opposent à une observation exacte des faits sociaux, et entravent par là même le développement de la sociologie. Mais gardons-nous de conclure que la sociologie n'existe pas, ne peut pas exister comme science. Au commencement du siècle, Bichat affirmait que la physiologie ne pouvait formuler que des demi-lois, c'est-à-dire que la physiologie ne pouvait exister comme science positive; quelques années plus tard, les travaux admirables de Flourens, de Claude Bernard, de Paul Bert, de Vulpian constituaient définitivement la biologie à l'état de science positive, et personne aujourd'hui n'osera contester que les lois biologiques ne soient de véritables lois. Il en sera de même pour la sociologie; elle est encore à la période des débuts et des tâtonnements; ne perdons pas courage; le moment viendra bientôt, où nul ne contestera plus son existence comme science positive, et où les lois sociolo-

____

(1 Léon Donnat. *La Politique expérimentale*, Paris. 1888.

giques seront aussi nettement formulées que les lois physiques et les lois biologiques.

III

La sociologie, considérée comme science positive, ne date en effet que du xix° siècle. Auguste Comte, le premier, en a démontré l'existence ; il l'appelle *physique sociale ;* c'est cependant lui qui le premier a employé l'expression *sociologie* (1), terme aujourd'hui passé dans l'usage, mais mal choisi et mal fait, et dont la consonance barbare n'est pas sans avoir jeté quelque discrédit sur la chose qu'il désigne. N'oublions pas aussi que les historiens français de la première moitié de notre siècle ont contribué, peut-être inconsciemment, mais cependant pour une part importante, à la constitution de la science sociologique. L'un des plus grands a su formuler en termes précis l'idée du déterminisme social, qui est la base même de notre science : « L'unité et la conséquence ne manquent pas plus au monde moral qu'au monde physique. Le monde moral a, comme le système des corps célestes, ses lois et son mouvement: seulement le secret en est plus profond, et l'esprit humain a plus de peine à les découvrir (1). » En Allemagne, à la même époque, les représentants de l'école historique, Savigny et ses disciples, s'engageaient dans la même voie, en affirmant la spontanéité et la continuité du développement du droit, et travaillaient ainsi à la constitution de la science sociologique. C'est en Angleterre que nous trouvons son plus illustre représentant, Herbert Spencer. Peu d'hommes ont eu une influence plus grande sur les idées modernes ; son esprit puissant a su faire une merveilleuse synthèse ; si quelques-unes de ses conclusions sont un peu hâtives, si parfois il a abandonné les procédés d'une rigoureuse observation, il a certainement aperçu et définitivement formulé plusieurs des grandes lois qui régissent le monde social, comme le monde physique, le monde biologique. En Allemagne, dans son ouvrage *Bau und Leben des socialen Koerpers,* Schæffle a fait d'une manière complète l'anatomie et la physiologie du corps social. Enfin, en France, toute une jeune école de juristes et d'économistes, s'inspirant de ces illustres travaux, abandonnent le raisonnement déductif, et apportent aux études de

(1) Aug. Comte, *Cours de philosophie positive,* t. VI, p. 650.
(2) Guizot, *Histoire des origines du gouvernement représentatif,* t. I, p. 16.

science sociale, les procédés d'une méthode vraiment scientifique (1).
M. Espinas, avec son livre sur les *Sociétés animales*, ses *Études sociologiques en France* (2), s'est placé au premier rang des sociologues français. A la Faculté des lettres de Bordeaux, M. Durkheim fait un cours de sociologie (3), qui attire un nombreux auditoire.

Mais si la sociologie a d'illustres représentants, si elle a des défenseurs convaincus, si même elle a ses prêtres et ses croyants, elle a aussi ses détracteurs. Les uns l'attaquent indirectement, les autres directement, en affirmant que l'étude des faits sociaux ne peut constituer une science positive.

De bons esprits nous disent : « Sans doute la science sociale existe ; mais il n'y a là rien de nouveau. Ni Auguste Comte, ni Herbert Spencert, ni Schæffle n'ont créé une science nouvelle. De tout temps, depuis Platon et Aristote, on a fait de la sociologie ; de nos jours on s'est contenté de créer un mot nouveau, à demi barbare, pour désigner une chose vieille comme le monde, et d'énoncer en termes obscurs des vérités formulées depuis bien longtemps en une bonne langue. » Le savant doyen de l'Université de Bruxelles, M. Van der Rest, se faisait récemment l'interprète de cette objection (4). Assurément on a toujours fait des études sur la société. Platon et Aristote ont été des sociologues, je le veux bien ; ils ont même aperçu l'analogie du corps social et de l'individu organisé ; ils ont été nos devanciers dans le domaine de la science sociale. Les philosophes du moyen âge ont fait, eux aussi, de la science sociale ; saint Thomas d'Aquin et les scolastiques étaient des sociologues. Machiavel au xv⁰ siècle, les grands penseurs du xvi⁰ siècle, Bossuet et Vico, sont, nous le reconnaissons aisément, les précurseurs d'Auguste Comte, d'Herbert Spencer et de Schæffle. Enfin, les philosophes et les économistes du xviii⁰ siècle ont été passionnément épris des études sociales. Non, la science sociologique n'a pas été créée de toutes pièces au xix⁰ siècle ; ce serait absolument contraire aux lois du développement de l'esprit humain. On l'a dit, il y a longtemps : l'humanité est un homme qui vieillit toujours en apprenant toujours. La sociologie a été lentement et longuement élaborée ; chaque génération a apporté

(1) V. P. Janet, *Les études sociales contemporaines* (*Revue intern. de l'enseignement*, t. V, 1883, p. 37).

(2) *Revue philosophique*, t. XIV, 1882, p. 337.

(3) Durkheim, *Faculté de Bordeaux, cours de science sociale* (*Revue intern. de l'enseignement*, t. XV, 1888, p. 23). — On se demandera peut-être si ce cours n'eût pas été plus logiquement placé dans une Faculté de droit.

(4) *La Sociologie*, discours prononcé à la séance de rentrée de l'Université de Bruxelles, 15 octobre 1888.

sa pierre à l'édifice. La sociologie, telle que nous la comprenons aujourd'hui, est le produit d'une longue évolution. Nous avons profité des travaux de nos devanciers, comme nos successeurs profiteront des nôtres. Mais on ne saurait nier qu'un immense progrès a été réalisé, et qu'une idée véritablement nouvelle a été formulée de nos jours ; on a su débarrasser la science sociale de tous les principes *a priori* qui la gênaient ; on a nettement compris que la science sociale est véritablement et exclusivement une science d'observation, ne différant point des autres sciences d'observation ; que les phénomènes sociaux, comme tous les phénomènes de la nature, sont soumis, dans leur succession et dans leur coexistence, à des lois fixes ; qu'en un mot, il y a un déterminisme social, comme il y a un déterminisme physique. C'est Herbert Spencer qui a la gloire d'avoir donné la vraie formule de cette grande idée. Aucun des politiques et des philosophes, antérieurs au xixe siècle, n'ose s'affranchir absolument des idées *a priori*. Tous et les plus grands, même ceux qui paraissent s'attacher avant tout à l'observation des faits, donnent pour point de départ à leurs études quelques postulats, principes rationnels et *a priori*. Aristote, supérieur à Platon, essaie de constituer sa politique sur l'observation des faits ; mais néanmoins toute sa politique est dominée par quelques principes : l'idée du souverain bien et l'idée de justice ; il ne s'aperçoit pas que ce sont des idées relatives et changeantes, produit de l'évolution sociale. On cite souvent Vico comme le véritable créateur de la sociologie moderne. Sans doute le philosophe historien du xviie siècle paraît avoir compris qu'une loi générale et fixe préside au développement de l'humanité. Mais à côté de l'observation il place la méthode déductive ; à côté de la *philologie*, qui apprend ce que l'homme a été réellement et ce qu'il est, il place la *philosophie* qui révèle l'absolu et l'immuable, qui apprend ce que l'homme devrait être (1). Montesquieu s'est approché bien davantage des idées modernes. Il a su donner la véritable définition des lois scientifiques ; il a compris qu'elles gouvernent le monde social comme le monde physique ; et l'*Esprit des lois* est un inventaire prodigieusement étendu d'observations sociales. Mais le xviiie siècle est l'époque par excellence des théories artificielles et préconçues, l'époque où triomphe cet esprit classique, dont nous parlions plus haut, fait de raisonnements logiques, au nom desquels on proclamera la Révolution et la Terreur. Montesquieu ne pouvait se soustraire à son

---

(1 *Revue philosophique*, 1888, t. XXV, p. 528.

influence. C'est un classique, partant c'est un déductif. Je n'en veux pour preuve que son affirmation, dès les premières pages de l'*Esprit des lois* (1), qu'il existe une justice éternelle, un principe immuable et supérieur du droit. Cependant Montesquieu est assurément le précurseur immédiat de la sociologie contemporaine.

D'autres adversaires de la sociologie vont plus loin ; ils affirment qu'elle ne peut exister comme science positive : on ne peut déterminer, disent-ils, les rapports nécessaires des faits sociaux, parce que ces rapports n'existent pas ; les phénomènes du monde social sont d'une nature spéciale ; on ne peut les assimiler ni aux phénomènes physiques ni aux phénomènes biologiques ; ils dépendent en effet essentiellement de l'activité humaine, qui est souverainement libre ; l'homme peut les modifier à son gré ; le monde social est un mobile qui reçoit son impulsion d'une main libre ; s'il y a des lois sociales, ce sont des lois de tendance, des lois approximatives : mais ce ne sont pas des lois rigoureuses et fixes, comme les lois physiques ; la sociologie n'est donc pas une science positive. On pourrait répondre à cette objection par une fin de non-recevoir et dire : La question de la liberté humaine est une question de psychologie métaphysique ; la liberté humaine, si elle existe, est en dehors du monde sensible, elle appartient au domaine de l'inconnaissable et ne peut nous arrêter. Que les croyants et les métaphysiciens se passionnent sur le problème du libre arbitre, je le veux bien ; mais il ne peut toucher le sociologue, qui se borne à constater les faits sensibles. N'admettre comme vraie qu'une chose prouvée par l'observation des faits : telle est la première règle de la méthode scientifique ; or, jamais on n'a démontré la liberté humaine. Au reste, dans le monde social tout se passe comme si l'homme n'était pas libre. Qu'est-ce donc que cette liberté humaine, quand les statistiques les plus sérieuses nous montrent que dans une société donnée il y a toujours le même nombre de faits sociaux ; que, bien qu'ils paraissent dépendre directement de la volonté humaine, les mêmes facteurs externes font toujours varier ces faits sociaux dans le même sens et dans les mêmes proportions ? Nous pouvons par exemple déterminer d'avance, pour une société, le nombre des mariages, des unions libres, des crimes, des transactions. Devons-nous après cela essayer de donner une conciliation directe de la liberté humaine et du déterminisme social ? On l'a bien souvent tenté. En effet la question n'est pas nouvelle : on parlait autrefois du libre

____

(1) L. I, ch. i.

arbitre et de la prescience divine; mais c'était le même problème (1). Parmi les nombreuses conciliations proposées par les philosophes d'autrefois, il en est une qui n'est pas pour déplaire. Saint Thomas d'Aquin définissait la liberté : « le pouvoir de vouloir consciemment ce qui est dans l'ordre »; l'homme est libre, c'est-à-dire il veut consciemment ce qui est dans l'ordre; par conséquent à chaque moment de la vie sociale, la somme des volontés libres veut toujours consciemment ce qui est dans l'ordre, c'est-à-dire ce qui est conforme aux lois immuables du développement social. Il y aura bien peut-être quelques volontés qui s'y opposeront ; mais ce seront des volontés malades, sans influence sur le cours normal des choses, et qui disparaîtront bientôt sans laisser de trace.

Nos adversaires ne s'arrêtent pas là; ils nous font une nouvelle objection, qui se rattache à la précédente, mais qui est plus spéciale : la sociologie n'existe pas, parce qu'un grand homme peut toujours modifier le cours normal des choses et imprimer au corps social une direction imprévue; les lois sociales ne sont qu'une chimère parce qu'elles sont toujours à la merci des hommes de génie, César, Alexandre, Napoléon, qui sont au-dessus d'elles. L'objection est sans portée. Le grand homme est produit par une cause surnaturelle ou par une cause naturelle. Si la cause est surnaturelle, c'est un fait de l'ordre métaphysique ou religieux, dont nous n'avons pas à nous occuper. Si la cause est naturelle, la production et l'influence du grand homme sont des faits sociaux ordinaires, soumis comme tels au déterminisme universel. Le grand homme est le produit nécessaire d'un ensemble de circonstances données, et l'état social, dont il est un des facteurs, reste soumis aux lois naturelles qui le régissent. Ce n'est pas le grand homme qui fait une société, c'est la société qui fait son grand homme. Ajoutez que le grand homme doit précisément, pour exercer une action, se modeler sur cette société dont il émane (2).

On nous adresse enfin une dernière objection : le propre de toute science, dit-on, c'est la prévision; une science positive n'existe que lorsque les lois qu'elle découvre permettent de prévoir les faits à venir; or, en sociologie, la prévision est absolument impossible; nul n'osera annoncer d'avance même les faits sociaux qui s'accompliront dans un avenir rapproché; la sociologie n'est

(1) Fonsegrive, *Essai sur le libre arbitre*, Paris, 1887. Lévy-Bruhl, *Le libre arbitre* (*Revue bleue*, 1888, t. II, p. 813).

(2) Herbert Spencer, *Introduction à la science sociale* (traduction française), p. 31 et suiv.

donc pas une science positive. Que cette difficulté ne nous arrête point. A l'heure actuelle, les sciences qui sont le mieux établies, dont personne ne conteste la réalité positive, n'arrivent qu'à une précision tout à fait imparfaite. Tout le monde connaît le vague et l'incertitude des prévisions météorologiques; la météorologie est cependant une branche de la science physique. La biologie n'est point encore arrivée à prévoir d'une manière certaine les différentes phases de la vie organique des individus. Qu'on n'oublie pas en outre que la sociologie positive date d'hier, que les phénomènes sociaux sont très nombreux et très complexes et que nous ne les connaissons encore que très imparfaitement. Dans l'état actuel des choses, c'est faire à la sociologie un procès injuste que de lui reprocher l'insuffisance de ses prévisions. Qu'on lui accorde quelque crédit, et dans un avenir prochain la connaissance intime des lois sociales nous permettra de formuler des prévisions certaines et à longue échéance.

I V

Ces différentes objections écartées, il nous reste à établir l'existence de la sociologie scientifique par des preuves directes. Il est aisé de montrer que les phénomènes sociaux sont de même ordre que les phénomènes de la vie; or les phénomènes de la vie sont régis par des lois naturelles et immuables et font l'objet d'une science positive reposant sur l'observation des faits. Il en sera donc de même des phénomènes sociaux.

La société est composée d'êtres vivants; or les qualités d'un tout sont assurément les mêmes que les qualités des parties qui le composent. Aussi pouvons-nous affirmer que les phénomènes qui se produisent au sein d'une société sont identiques aux phénomènes qui se produisent chez les individus vivants qui la constituent; les phénomènes sociaux, les phénomènes superorganiques, comme on les appelle quelquefois, sont à vrai dire des phénomènes organiques.

Mais il faut aller plus loin et affirmer que la société elle-même est un être vivant, un individu organisé. La société n'est pas une entité, une collection artificielle d'individus groupés par le hasard ou la violence; c'est une réalité vivante, un tout organisé, sujet de phénomènes vitaux, soumis à des lois. Ce qui caractérise l'être vivant, c'est l'identité, la permanence de l'individualité. Au milieu des transformations qu'il subit, l'être vivant reste toujours reconnaissable, parce qu'il reste toujours identique à lui-même. Or

cette identité continue, nous la constatons précisément dans la
vie des sociétés. Considérons une société quelconque : malgré
des transformations incessantes, elle reste toujours reconnaissable ; elle conserve son individualité ; elle est donc un être vivant, ayant une existence propre, distincte de celle des individus
qui la constituent. La société romaine est une des rares sociétés,
que nous puissions étudier avec des documents à peu près com-
plets et dont nous connaissions la naissance, la vie et la mort :
d'abord monarchie théocratique, puis république aristocratique,
plus tard république démocratique, elle devient un empire démocratique, puis enfin un empire monarchique ; et c'est sous cette
forme qu'elle disparaît. D'abord petite cité du Latium, la société
romaine s'agrandit démesurément ; elle conquiert l'Italie, et
devient la maîtresse du monde connu. Malgré ces changements
nombreux et ces profondes transformations, elle reste toujours
reconnaissable ; c'est bien toujours la même société, qui conserve
son individualité pendant les treize siècles de son existence, que
nous pouvons suivre comme celle d'un être vivant. N'est-ce pas
une preuve que la société elle-même est bien une réalité vivante?

D'ailleurs la structure générale des sociétés est identique à
celle des corps vivants et organisés. Il est aujourd'hui à peu près
unanimement admis que les individus vivants sont composés d'éléments anatomiques physiologiquement distincts ; l'être vivant
n'est autre chose qu'un agrégat de cellules vivantes et distinctes.
Tout individu, sauf la cellule, se réduit en individus élémen-
taires (1). La société est un individu ; et l'individu est une société.
De mêmes que les cellules, qui réunies constituent l'individu, ne
peuvent vivre séparées, de même les unités vivantes, dont se
compose la société, ne peuvent exister isolées. La société, comme
l'individu, est formée de la réunion d'une série de cellules
vivantes, intimement liées les unes aux autres, et dont l'agréga-
tion constitue le corps social. Les phénomènes sociaux résultent
de l'influence respective de ces cellules les unes sur les autres ;
ils dérivent des phénomènes vitaux, qui s'accomplissent chez les
individus composant le corps social (2). Les phénomènes sociaux

(1) « Tout organisme, dit Haeckel, est ou bien une cellule ou bien une collec-
tivité, un état formé de cellules étroitement unies. Dans tout organisme, l'ensemble des formes et des phénomènes vitaux est simplement le résultat général
des formes et des phénomènes vitaux de toutes les cellules composant l'organisme. » (*Histoire de la création des êtres organisés*. Trad. Letourneau, 3e édit.,
Paris, 1884, p. 251).

(2) Espinas, *Études sociologiques en France*, *Revue philosophique*, t. XIII, p. 567.
— Perrier, *Les Colonies animales et la formation des organismes*. Paris, 1881.

sont donc des phénomènes vitaux et, comme eux, doivent être déterminés.

D'autre part, les facteurs essentiels, qui produisent les phénomènes sociaux, sont exactement les mêmes que ceux qui produisent les phénomènes du monde organique. Trois facteurs principaux agissent sur le développement organique des individus : la lutte pour la vie, l'adaptation au milieu et l'hérédité. Or ces trois facteurs sont précisément ceux qui ont une action essentielle sur le développement social. Plus spécialement cet organe social, qu'on appelle l'État, naît et se développe sous l'influence de la lutte pour la vie, de l'adaptation au milieu dans lequel il est placé, et de l'hérédité. La lutte pour la vie : c'est sous l'empire de cette nécessité que les sociétés se constituent, que leurs organes se forment et se développent, particulièrement l'État, organe de défense et de sécurité; dans toutes les sociétés primitives, c'est la nécessité de se défendre contre les hordes voisines, contre les éléments, contre les bêtes féroces, c'est la nécessité d'assurer la subsistance de tous par la conquête ou la chasse, qui fait désigner un chef; cette désignation d'un chef commun, c'est la première ébauche de l'État. Dans les sociétés développées, les gouvernements ne sont point organisés d'après le système considéré comme rationnellement le meilleur; et si telle société est monarchique, aristocratique ou démocratique, c'est toujours sous l'empire des nécessités de l'existence qu'elle revêt l'une de ces formes; elle ne peut en avoir une autre, sous peine de décroître et de disparaître. L'adaptation au milieu, nous la constatons à tous les instants de la vie sociale; toute société se modèle sur le milieu dans lequel elle est placée; les organes sociaux, comme les organes individuels, subissent toujours l'influence des éléments qui les entourent. Nous en voyons un exemple frappant en étudiant le gouvernement de la société française au moyen âge : elle vit, si l'on peut ainsi parler, dans un milieu romain et canonique, qui agit puissamment sur ses tendances et sa forme politique. Enfin l'hérédité intervient non moins activement dans le développement social : les sociétés procèdent les unes des autres comme les individus; et les caractères sociaux se transmettent héréditairement comme les caractères individuels. L'histoire politique de l'ancienne France nous en fournit la preuve convaincante : héritière directe de la société romaine, elle a essentiellement le caractère romain; et ses institutions politiques se rattachent directement aux lois de la Rome impériale.

Après avoir repoussé les objections faites à l'existence d'une science sociale, après avoir formulé les preuves directes, nous pouvons affirmer qu'il existe une science science sociale ou sociologie) qui a pour objet les phénomènes sociaux, pour méthode l'observation et l'induction, pour but la détermination des lois fixes et naturelles qui régissent ces phénomènes.

Nous pouvons au reste les considérer à deux points de vue différents : ou bien étudier leur rapport dans le temps, leur *processus* comme disent quelques auteurs, et déterminer leurs lois de succession ; ou bien supposer en quelque sorte les forces sociales en équilibre, immobiliser une société à un moment donné de son existence et déterminer les rapports des phénomènes concomitants ou lois de coexistence. Nous ferons ainsi de la *dynamique* sociale et de la *statique* sociale : expressions bien savantes et que e goûte peu ; j'aime mieux dire, quoiqu'on ait souvent abusé du mot, sociologie *historique* pour l'étude des lois de succession, et sociologie proprement dite pour l'étude des lois de coexistence (1).

V

Quelle place le droit en général, et le droit constitutionnel en particulier, occupent-ils dans la sociologie? La science sociale est la science des faits sociaux ; partant elle comprend une partie générale, dans laquelle on étudie la formation des groupes sociaux, où on détermine les lois qui président à cette formation, où on fait le classement des différents types sociaux en précisant les caractères essentiels qui les fixent. Dans une partie spéciale le sociologue observe les différents ordres de phénomènes sociaux, pour formuler leurs lois de succession et de coexistence. En ce sens, le mot *sociologie* est un terme complexe, qui désigne l'ensemble des sciences sociales spéciales ; et le droit est une de ces sciences. Si en effet on observe attentivement les faits sociaux, on s'aperçoit bientôt qu'on peut les rattacher à deux groupes distincts, et que par suite la science sociale ou sociologie comprend deux parties principales, que je nomme immédiatement : le droit et l'économie politique.

Nous avons montré tout à l'heure que la structure générale des

(1) On discute souvent le point de savoir si l'histoire est une science. Non assurément, l'histoire narrative, les recherches d'érudition pure ne constituent point une science. Mais elle est bien une science l'histoire qui a pour but de déterminer les lois du développement social : l'histoire n'est alors que la sociologie *dynamique*. (V. BOURDEAU, *L'histoire et les historiens*, Paris, 1888.)

sociétés était identique à celle des individus vivants ; aussi devons-nous trouver dans la société les mêmes organes que chez l'individu. Sans doute, il faut agir avec une extrême réserve, et se garder d'assimiler absolument le corps social à un organisme vivant. Herbert Spencer et Schaeffle, qui paraissent admettre l'identité du corps social et de l'individu, font cependant des réserves expresses. Mais sans aller jusqu'à l'assimilation complète, il me paraît légitime de rechercher si l'on ne retrouve pas dans la société les organes essentiels des êtres vivants, et si l'on ne constate pas des catégories différentes de phénomènes, relatifs au fonctionnement de ces divers organes.

Chez tous les individus organisés, nous constatons deux grandes classes de phénomènes : les phénomènes de nutrition et de respiration, et les phénomènes de cohésion et de direction. Chez les individus qui ont atteint un degré de développement relatif, deux organes distincts correspondent à ces deux catégories de fonctions : le système digestif et circulo-respiratoire assure la nutrition et la respiration de l'individu ; le système nervo-moteur maintient la cohésion des différentes parties du tout et imprime la direction à l'ensemble. Le physiologiste étudie séparément le fonctionnement de chacun de ces systèmes et formule les lois de leurs phénomènes.

De même, dans les sociétés qui sont relativement développées, nous retrouvons ces deux grands organes, et les deux catégories de phénomènes qui s'y rapportent. C'est d'abord le système digestif, le système circulo-respiratoire, qui assure la nutrition du corps social. La richesse est l'élément de nutrition sociale. Un système, composé d'organes complexes, assure la production de la richesse, et sa distribution dans les différentes parties du corps social. Les agents naturels, le travail, le capital, le système des échanges, le réseau des voies de communication constituent le système circulo-respiratoire des sociétés humaines. Nous apercevons ainsi une première catégorie de phénomènes sociaux : les phénomènes de nutrition, c'est-à-dire les phénomènes relatifs à la production et à la répartition de la richesse sociale. On détermine les lois de ces phénomènes, et cette recherche constitue une des branches de la sociologie : la science économique ou économie politique. Nous constatons aussi dans les sociétés comme chez les individus une série de phénomènes relatifs au maintien de la cohésion des différentes parties et à la direction de l'ensemble ; ce sont les phénomènes qui se rapportent à la conservation du corps social. Dans toute société, un système, dont la complexité varie suivant son degré de développement et qui est un véritable système nervo-moteur, est chargé de maintenir l'unité, d'imprimer la direction, à vrai dire d'assurer la conservation de l'agrégat social. Vous voyez donc apparaître une seconde catégorie de phénomènes sociaux : les phénomènes de conservation sociale, les phénomènes relatifs au fonctionnement du système nervo-moteur social. On est convenu de les désigner du nom de phénomènes juridiques. Dans une seconde branche de la sociologie, on cherche à déterminer les lois qui les régissent : c'est la science juridique ou le droit. Si l'on étudie leurs lois de succession, on fait de l'histoire du droit ; si l'on détermine leurs lois de coexistence, on fait du droit proprement dit.

Précisons davantage. Chez les êtres vivants placés à un degré élevé de l'échelle biologique, le système nervo-moteur se compose d'une série de ganglions nerveux, dont les uns, plus volumineux que les autres, constituent des centres nerveux. Le plus important de tous est le centre cérébro-spinal, auquel se rattachent toutes les parties du système nerveux. Puis, répartis dans le corps vivant, nous trouvons toute une série de petits centres nerveux chargés de fonctions spéciales. De même, dans la société on voit un centre nerveux principal, auquel se rattachent tous les organes nerveux du corps social. C'est l'État, que l'on peut comparer au centre cérébro-spinal des individus. Puis, répartis dans l'organisme, nous trouvons, dans la société comme chez les individus, des centres nerveux secondaires, qui remplissent des fonctions spéciales : c'est la famille, et les divers groupes distincts de l'État et de la famille, communes, associations, classes, etc... Enfin toute une série de cellules nerveuses concourent à la cohésion et à la direction du corps social : ce sont les individus. On aperçoit dès lors aisément que la science du droit se divise elle-même en plusieurs parties.

D'une part, on étudie les phénomènes relatifs aux rapports des individus, puis les phénomènes relatifs à la formation, au développement, au fonctionnement de la famille et des autres centres nervo-sociaux secondaires, communes, associations, classes... On étudie enfin les phénomènes relatifs à la formation, au développement et au fonctionnement de l'État, considéré comme centre nerveux cérébro-spinal de l'organisme social. Cette dernière partie de la science du droit n'est autre chose que le droit constitutionnel. Le droit constitutionnel est donc une partie de la sociologie, dans laquelle on cherche à déterminer les lois qui régissent les phénomènes relatifs à la formation, au développement et au fonctionnement de l'État, considéré comme centre nerveux cérébro-spinal de l'organisme social.

Tout cela nous fait voir que le mot sociologie, comme je l'ai déjà dit, ne désigne point une science unique. Sans doute la science sociologique renferme une partie générale, dans laquelle on étudie le mode de formation des groupes sociaux, et dans laquelle on en classe les différents types. Mais en même temps, le mot sociologie est un terme générique, qui désigne l'ensemble des sciences sociales, sciences positives dérivées de la biologie, reposant uniquement sur l'observation dès faits et dégagées de tout principe *a priori*. Les deux parties principales de la sociologie sont le droit et l'économie politique. Mais la sociologie comprend en outre quelques sciences accessoires, distinctes du droit et de l'économie politique, comme la science du langage, la science des religions. On dit même souvent (et je reconnais que telle est l'opinion des sociologues les plus autorisés) que la sociologie comprend encore deux sciences dont nous n'avons pas parlé : la politique et la morale. A mon sens, ni la politique ni la morale n'existent comme sciences distinctes. Les phénomènes politiques sont ceux qui se rapportent à l'origine et au fonctionnement de l'État ; ce sont essentiellement des phénomènes juridiques ; ce sont précisément les faits qui forment, comme nous l'avons montré, le domaine du droit constitutionnel, et cette prétendue science politique n'est autre chose que le droit constitutionnel, c'est-à-dire une branche de la science générale du droit. Nous verrons qu'il existe une politique art, qui correspond à la science du droit constitutionnel. De même la morale n'est point une science distincte du droit ou de l'économie politique ; nous ne trouvons nulle part ces prétendus phénomènes moraux, qui ne seraient ni des faits juridiques ni des faits économiques. Les études, que l'on présente quelquefois comme étant des études de science morale, rentrent toujours ou dans le droit ou dans l'économie politique. Les faits moraux sont tous, ou des phénomènes de production, ou des phénomènes de distribution, ou des phénomènes de conservation.

VI

La sociologie, avec ses différentes parties, existe donc comme science positive des faits sociaux. Mais il importe de ne pas en exagérer la portée et l'étendue. En effet, à côté de la science sociale, et bien distinct d'elle, il y a l'art social. La science détermine les lois nécessaires qui régissent les phénomènes. L'art est un ensemble de procédés tendant à atteindre un but donné. Mais l'art ne peut arriver à un résultat utile que si les procédés qu'il enseigne reposent sur les lois formulées par la science. Tout art correspond à une science. Ainsi, pour ne citer qu'un exemple, la science biologique détermine les lois qui régissent les phénomènes de la vie. A la biologie correspond l'art de l'hygiène et de la médecine, qui, à l'aide des lois formulées par le biologiste, enseigne les procédés propres à assurer dans les meilleures conditions possibles le fonctionnement des organismes vivants. Le seul moyen d'obtenir ce résultat est évidemment d'adapter autant que possible les organismes aux lois biologiques.

Il en est de même pour les sociétés. A côté de la science sociale ou sociologie, nous avons l'art social, qui détermine les procédés à suivre pour assurer le développement des sociétés dans les meilleures conditions possibles. Ces procédés ne peuvent produire des résultats utiles que s'ils sont conformes aux lois sociales constatées par le sociologue. Sinon, ils restent sans effet, et peuvent même amener de graves perturbations dans l'organisme social. Cet art social est en quelque sorte l'hygiène et la médecine des sociétés.

Nous retrouvons naturellement dans l'art social les divisions normales que nous avons constatées dans la sociologie. A l'économie politique correspond l'art économique : toutes les questions d'impôt, de libre-échange ou de protection, d'organisation du travail, de coopération, etc., sont des questions d'art économique et non de science économique. La solution utile de ces divers problèmes implique une connaissance complète des lois économiques. A la science du droit correspond l'art juridique ou législation. La législation est un art et non une science : c'est l'ensemble des procédés à suivre pour assurer pleinement la cohésion et la conservation sociales. Les lois positives portées par le législateur doivent être conformes aux lois sociologiques, et à l'état social pour lequel elles sont faites, lois et état que détermine la science juridique. Il n'y a pas de loi positive bonne ou mauvaise en soi ; il y a seulement des lois conformes ou non à l'état social. Ce n'est point le législateur qui fait le droit ; le droit existe en dehors de toute loi écrite ; le législateur le constate et sa mission est de rédiger des lois écrites, qui répondent aux besoins sociaux de son époque, en dehors de principes *a priori* et de programmes préconçus. Toute loi qui est contraire aux tendances sociales est arbitraire, reste sans effet, ou peut même amener une crise grave.

L'art juridique comprend les mêmes divisions que la science
du droit; l'art qui correspond particulièrement à la science du
droit constitutionnel prend plus spécialement le nom de *politique.*
Nous avons montré plus haut que la politique n'est point une
science distincte du droit; la politique n'est pas non plus et pour
les mêmes raisons un art distinct de l'art juridique. On peut néanmoins employer l'expression de *politique*, passée dans l'usage,
en comprenant qu'elle désigne simplement une partie de l'art
juridique, l'ensemble des procédés à suivre pour assurer le fonctionnement de l'État dans les meilleures conditions possibles. La
question du suffrage universel ou restreint, direct ou indirect, la
question de l'unité ou de la dualité du Corps législatif, la respon-
sabilité du chef de l'État, etc., sont autant de problèmes de l'art
constitutionnel, de la *politique* art. Ce ne sont pas des questions
scientifiques, mais des problèmes de droit constitutionnel appli-
qué. Gardons-nous de les résoudre à l'aide de déductions logiques,
c'est seulement par une observation attentive des faits sociaux,
par une connaissance complète des lois sociales que nous pourrons
donner une solution juste. L'art politique doit reposer sur les données de la science du droit constitutionnel, comme tout art repose
sur les lois formulées par la science correspondante. Que l'homme
d'État n'oublie pas qu'il n'y a pas de forme politique bonne ou mauvaise en soi, qu'il n'y a pas plus de droit politique absolu et universel, que de droit civil absolu et universel, qu'il n'y a de bons gouvernements, que ceux qui sont le produit du développement social et
répondent aux traditions, aux mœurs, aux aspirations et aux besoins du pays; que les lois aristocratiques, monarchiques ou démo-
cratiques sont également bonnes, quand elles répondent aux idées
du temps, à l'état social du pays qu'elles régissent. Que l'homme
d'État se dégage surtout des principes arrêtés et des formules
pompeuses; qu'il comprenne que les principes et les formules
ne sont rien, que les faits sont tout, et que tout son art est d'adapter aux faits sa conduite politique; qu'il abandonne en un mot
cet esprit classique, fait d'idées préconçues et de déductions logiques, qui produit les sectaires, et conduit à l'intolérance en reli-
gion, au jacobinisme en politique.

Mais une objection générale vient à nos esprits. Ne peut-on
pas dire : « Le monde social, comme le monde physique, étant en-
chaîné par le déterminisme universel, les faits sociaux se suc-
cédant et coexistant d'après des lois immuables, l'homme est sans
action sur ces faits; quoi qu'il fasse, quoi qu'il dise, les faits sociaux
s'accomplissent dans les mêmes formes et suivant le même ordre;

il n'y a donc point d'art social, ou du moins cet art social sera totalement impuissant; et l'on comprend la formule célèbre de l'économie politique orthodoxe : *Laissez faire, laissez passer*, qui est la négation de tout art politique. » L'objection est sérieuse assurément. Les conditions du milieu restant les mêmes, rien ne peut être fait pour modifier le cours normal de l'évolution générale, qui est *prédéterminée* dans son caractère général, à ce point que ses phases successives ne peuvent anticiper l'une sur l'autre. Comme dit Herbert Spencer, « il n'y a pas d'enseignement ni de politique qui puisse lui faire dépasser une certaine vitesse normale, limitée par la vitesse de la modification organique chez les êtres humains (1) ». Mais d'un autre côté on ne saurait nier que nous pouvons par certains procédés troubler le cours de cette évolution, la retarder, l'altérer. Reprenons la comparaison que nous faisions plus haut de la sociologie scientifique et pratique avec la biologie et la médecine. Des lois inflexibles déterminent l'évolution biologique; on ne peut donc modifier le développement normal des êtres vivants considérés dans leur généralité; mais on peut assurément par des procédés défectueux arrêter l'évolution normale de l'être individuel. Le rôle du médecin est de maintenir l'organisme dans des conditions adéquates à son développement normal. De même l'homme politique, qui est en quelque sorte le médecin du corps social, peut par des mesures mauvaises contrarier le développement de la société ; son rôle d'artiste en science sociale, si je puis ainsi parler, est de prendre des mesures pour assurer le développement normal des sociétés, et de ne rien faire qui puisse l'entraver. Cela paraîtra peut-être peu de chose à l'ambition de quelques-uns; ce peu de chose vaut la peine d'être fait, et pour le réaliser il importe de connaître les lois qui régissent la succession générale des phénomènes sociaux.

Que l'homme d'État sache bien que les sociétés sont le produit d'une évolution naturelle, « commençant par des types petits et simples, qui ont une courte existence et disparaissent, s'avançant vers des types supérieurs plus grands, plus complexes et de vie plus longue, arrivant à des types encore plus élevés, analogues aux nôtres, très grands et très durables, promettant de donner après la mort des sociétés existantes des types surpassant ceux d'à présent » (2), qu'il sache bien que des changements innombrables se sont réalisés et se réaliseront dans le cours lent des

(1) *Introduction à la science sociale* (traduction française, p. 433.
(2) HERBERT SPENCER, *Introduction à la science sociale* (traduction française, p. 432).

choses. Il aura alors la vraie sagesse politique : il sera très conservateur et très progressiste : très conservateur parce qu'il comprendra que toutes les institutions anciennes, quelque singulières qu'elles nous paraissent, ont eu leur raison d'être, qu'elles ont été le produit nécessaire d'un état social donné ; très progressiste parce qu'il aura foi dans un avenir qui verra des sociétés nouvelles plus complexes, plus différenciées et peut-être mieux équilibrées que les nôtres. Il comprendra surtout qu'il ne doit pas seulement considérer le présent ou remonter quelques années en arrière, mais étudier la longue élaboration de laquelle sont sorties les sociétés contemporaines ; il comprendra que les formes politiques actuelles ne sont pas définitives, que les institutions sociales sont perpétuellement changeantes ; que les nôtres disparaîtront pour faire place à d'autres, qui disparaîtront à leur tour. Respecter le passé espérer en l'avenir, toute la sagesse politique est là.

Ce que nous venons de dire montre quels doivent être à notre, sens la méthode, le plan et l'esprit d'un cours de droit constitutionnel : rejeter tous principes *a priori*, observer les phénomènes sociaux, étudier les institutions politiques des divers pays, convaincu qu'aucune d'elles n'est bonne ou mauvaise en elle-même, mais que toutes sont de simples faits, dérivant des faits qui les précèdent et déterminant ceux qui les suivent et les accompagnent ; essayer de formuler les rapports de ces faits, c'est-à-dire les lois qui régissent leur succession et leur coexistence ; tenter enfin, à l'aide de ces lois, de prévoir l'avenir politique des sociétés contemporaines. L'entreprise est peut-être téméraire ; à coup sûr elle est légitime.

Paris. — Typ. G. Chamerot, 19, rue des Saints-Pères. — 21588.